AIRS
DÉTACHÉS
de
ON NE S'AVISE JAMAIS
DE TOUT,
Opera Bouffon,
En un Acte ;
Représenté
Sur le Théâtre de l'Opera Comique.
Prix 24 f.

A PARIS
Chez Duchesne, Libraire rue St Jacques,
au Temple du Gout.
Avec Approbation et Privilége du Roy.

www.ingramcontent.com/pod-product-compliance
Lightning Source LLC
Chambersburg PA
CBHW061628040426
42450CB00010B/2718

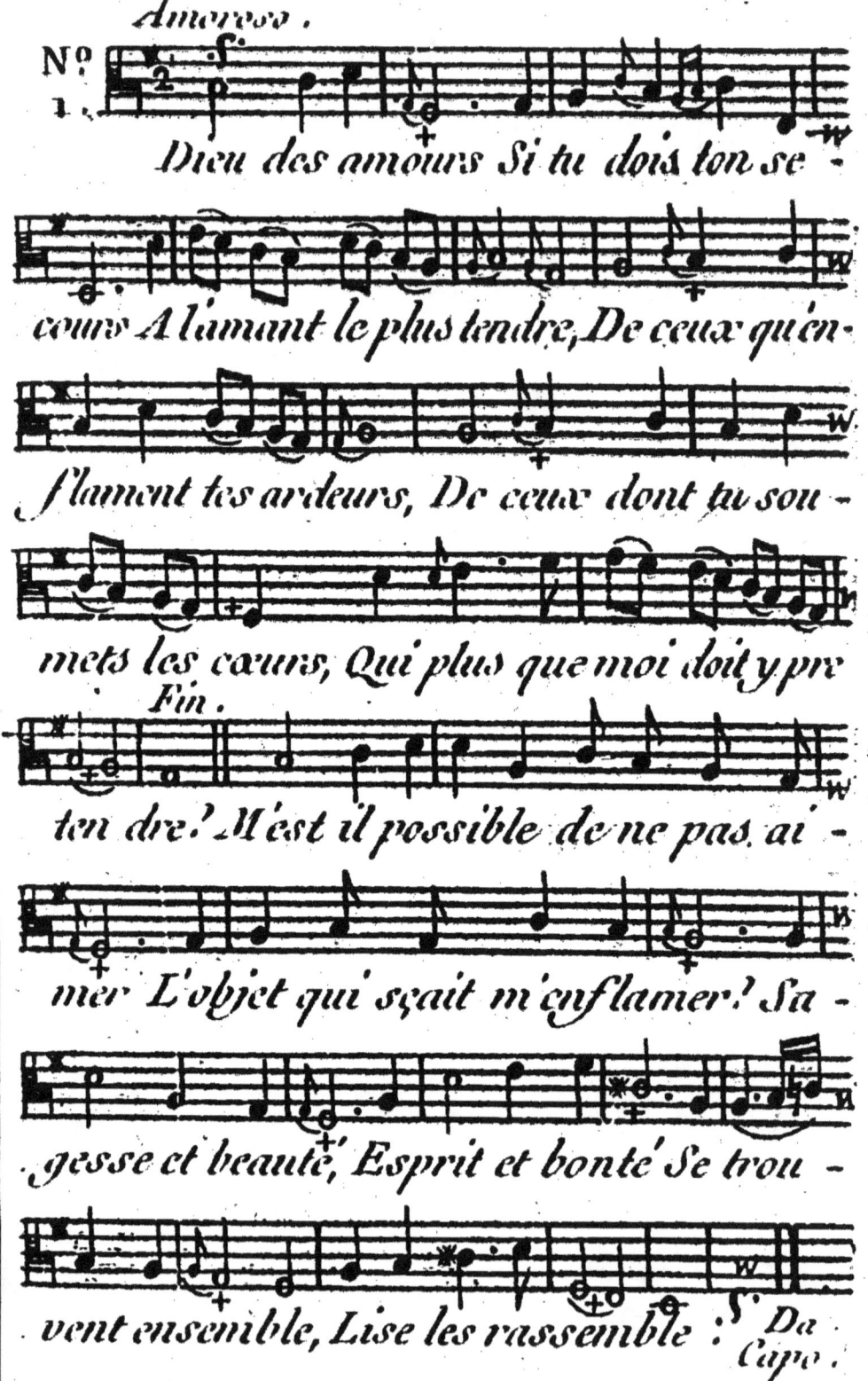

ses traits, son visage Sur le canevas tra-

cé Si je lis, à chaque page Son nom

me semble placé, Par l'écho du voisi-

nage, Il est toujours prononcé..

N.º 5. *Amoroso.*

Qu'un son frape mon oreille,

J'écoute et dans tout mes sens, Mon a-

me qui toujours veille Croit entendre

ses accents, Ces accents ce ton si

Vaudeville.

Ier Couplet.

N.º 10.

Vous qui croyés que des tendres esclandres Un registre peut être l'ecueil, Ah! croyés moi, brulés votre recueil, Et faites en, faites en des cendres. Contre un sexe enchanteur Et trompeur Dont les armes Dont les charmes Sont surs de leurs coups, C'est en vain qu'on subtilise On ne s'avise jamais de tout, On ne s'avise jamais de tout

2.ᵉ C. Le Commissaire.

Je suis certain que dans notre jeune age
Des barbons furent dupés par nous
Leur tour viendra laissons en filant doux
Imiter nos premiers tours de Page
 Contre un age trop vif
  Trop actif
  Dont les armes
  Dont les charmes
 Sont surs de leurs coups
Vainement on subtilise
  On ne s'avise
  Jamais de tout.

3.ᵉ C. M.ʳ Tuc.

Je ne sçais rien de si sot de si bete
Que confier sa femme à quelqu'un
Avois-je alors un grain de sens comun
Sans doute j'avois perdu la tête
 Oui moi seul je sçaurois
  Je pourois
  Par adresse
  Par finesse
 Vous pousser à bout
C'est sotise c'est sotise
  Ah qu'on s'avise
  Fort bien de tout.

4.ᵉ C. Lise.
Du Dieu d'amour je craignois les attraits
J'hesitois de prononcer son nom
Je disois oui mais l'amour disoit non
Je vous vois adieu toutes mes craintes
Contre un amant flatteur
Enchanteur
Dont les armes
Dont les charmes
Sont surs de leurs coups
Vainement on subtilise
On ne s'avise
Jamais de tout.

5.ᵉ C. Dorval.
Lise, mon cœur a peu d'experience
Mais apprends ce que dicte mon cœur
C'est mon amour qui fera ton bonheur
C'est le tien qui fait ma confiance
En faisant ton bonheur
Mon honneur
Doit il craindre
Et se plaindre
Un lien si doux
Doit bannir toute surprise
Ah je m'avise
Fort bien de tout.

6.e C. Le Comunissaire.

De tout Auteur l'intention est bonne,
Il ne veut qu'enchanter le Public,
Que l'enchanter Messieurs, voila le Hic
Il faut que toujours on lui pardonne
Ou le Plan mal conçu
Mal tissu.
Ou l'intrigue
Qui fatigue
Le Stile ou le gout
Vainement l'Auteur s'épuise
Il ne s'avise
Jamais de tout.

Fin.

www.ingramcontent.com/pod-product-compliance
Lightning Source LLC
Chambersburg PA
CBHW061626040426
42450CB00010B/2691